MANDEMENT

DE SON EMINENCE

MONSEIGNEUR LE CARDINAL GOUSSET

ARCHEVÊQUE DE REIMS

POUR LE CARÊME DE L'ANNÉE 1864

REIMS

P. DUBOIS, IMPRIMEUR DE S. E. MONSEIGNEUR LE CARDINAL

Rue de l'Arbalète, 9

MDCCCLXIV

MANDEMENT

DE SON ÉMINENCE

MONSEIGNEUR LE CARDINAL GOUSSET

ARCHEVÊQUE DE REIMS

POUR LE CARÊME DE L'ANNÉE 1864

Thomas-Marie-Joseph GOUSSET, Cardinal-Prêtre de la Sainte Église Romaine, du titre de Saint-Callixte, par la Miséricorde divine et la grace du Saint-Siége Apostolique, Archevêque de Reims, etc., etc. ;

Au Clergé et aux Fidèles de Notre Diocèse ,
Salut et Bénédiction en Notre Seigneur Jésus-Christ.

Les œuvres de Dieu sont admirables, Nos Très-Chers Frères, et elles sont immenses. Il ne nous est pas donné d'en apprécier ici-bas toute la sagesse et toute l'étendue; mais tout ce qu'il a daigné nous en manifester importe à sa gloire et à notre fin dernière. Retrancher quelque partie à cette révélation et à son symbole, c'est jeter un voile sur quelque vérité capitale et faire un vide ténébreux dans la science de Dieu et de la création ; c'est, le plus souvent, ajouter aux problèmes de notre vie présente et les rendre inexplicables. De même que le temps est étroitement lié avec l'éternité, et l'ordre physique avec l'ordre moral; de même, le monde visible auquel nous appartenons a des rapports mystérieux et intimes avec le monde invisible, et avec des êtres incorporels qui ne sont point étrangers à nos destinées. De là découlent pour nous des lumières instructives, des devoirs sacrés, des avertissements salutaires.

La philosophie moderne, plus audacieuse que toutes les hérésies, a dédaigné ou combattu ce point important de la doctrine catholique avec une étrange et coupable témérité. Parmi les incrédules de notre temps, les uns en sont venus jusqu'à nier l'existence de l'âme humaine et de toute substance spirituelle, et ils sont tombés dans un panthéisme absurde ou dans un grossier matérialisme; d'autres, formant une secte nouvelle, et interrogeant les esprits à la manière des superstitions païennes, prétendent qu'il n'y a, en dehors de nous et de la matière, que les âmes des morts. Parmi les fidèles eux-mêmes, il en est qui sont trop peu convaincus ou pénétrés des choses de l'ordre surnaturel, et qui semblent ranger parmi les allégories et les fictions tout ce qui concerne les bons et les mauvais anges.

Témoin de ces atteintes profondes portées aux vraies croyances, et des dangers qui en résultent pour votre salut, nous ne pouvons contenir au-dedans de nous ce cri de douleur du Roi-Prophète : « Sauvez-moi, Seigneur, car les saints manquent à la terre, et vos vérités sont oblitérées par les enfants des hommes. Les impies nous environnent, et vous en laissez croître le nombre, dans la profondeur de vos jugements (1). »

Mais, Nos Très-Chers Frères, là ne s'arrête point notre devoir. Il nous reste à vous prémunir contre l'erreur qui repousse l'existence des créatures invisibles, et contre la superstition qui en

______

(1) Salvum me fac, Domine, quoniam defecit sanctus, quoniam diminutæ sunt veritates a filiis hominum. In circuitu impii ambulant : secundum altitudinem tuam multiplicasti filios hominum. *Ps. XI*, v. 2, 9.

abuse. Aujourd'hui, nous vous exposerons brièvement ce que l'Eglise nous enseigne et nous conseille relativement aux anges fidèles et bienfaisants, nous réservant de vous entretenir, dans une autre instruction pastorale, des anges déchus et du soin avec lequel nous devons éviter leurs piéges et leur funeste influence.

Nous croyons fermement, dit un concile général et œcuménique, qu'il n'y a qu'un seul vrai Dieu, éternel et infini, lequel, au commencement du temps, a tiré tout ensemble du néant l'une et l'autre créature, la spirituelle et la corporelle, l'angélique et la mondaine, et ensuite a formé, comme mitoyenne entre les deux, la nature humaine, composée de corps et d'esprit (1).

Tel est, selon la foi, le plan divin dans l'œuvre de la création ; plan majestueux et complet, comme il convenait à la sagesse éternelle. Ainsi connu, il offre à nos yeux et à nos pensées l'être à tous les degrés et dans toutes les conditions. Dans la sphère la plus élevée, apparaissent l'existence et la vie purement spirituelles ; au dernier rang, l'existence et la vie purement matérielles ; et dans le milieu qui les sépare, une merveilleuse union des deux substances, une vie commune tout à la fois à l'esprit intelligent et au corps organisé.

Notre âme est d'une nature simple et indivisible ; mais elle est bornée dans ses facultés. L'idée que nous avons de la perfection nous fait comprendre qu'il peut y avoir d'autres êtres simples comme elle, et supérieurs par leurs qualités et leurs priviléges. Elle est grande et noble ; mais elle est associée à la matière, servie par de fragiles organes, limitée dans son action et dans sa puissance. Pourquoi n'y aurait-il pas d'autres natures plus nobles encore,

(1) Firmiter credimus quod unus solus est Deus, æternus et immensus, qui sua omnipotenti virtute simul ab initio temporis utramque de nihilo condidit creaturam, spiritualem et corpoream, angelicam videlicet et mundanam ; deinde humanam quasi communem, ex spiritu et corpore constitutam. *Concil. Later. IV*, capitul. 1, *De fide catholica.*

affranchies de cet esclavage et de ces entraves, douées d'une force plus grande et d'une activité incomparable ? Avant que Dieu eût placé l'homme sur la terre pour le connaître, l'aimer et le servir, n'avait-il point dû appeler déjà d'autres créatures à composer sa cour céleste et à l'adorer au séjour de sa gloire ? Dieu, enfin, reçoit des mains de l'homme le tribut d'honneur et l'hommage de cet univers ; est-il étonnant qu'il reçoive des mains de l'ange l'encens et la prière de l'homme ? Si donc les anges n'existaient pas, Nos Très-Chers Frères, le grand ouvrage du Créateur n'aurait pas le couronnement et la perfection dont il était susceptible ; ce monde, qui atteste sa toute-puissance, ne serait plus le chef-d'œuvre de sa sagesse ; notre raison elle-même, quoique faible et débile, pourrait facilement le concevoir plus complet et plus achevé.

Longtemps avant le concile de Latran que vous venez d'entendre, les conciles de Nicée et de Constantinople avaient formulé en ces termes la même profession de foi : « Je crois en Dieu le Père tout-puissant, créateur du ciel et de la terre et de tous les êtres visibles et invisibles (1). » L'Eglise, qui y trouvait l'expression de sa doctrine constante et invariable, l'avait inscrite au premier article de son symbole ; elle l'a consacrée dans sa liturgie, et tous ses enfants la répètent avec elle dans leurs assemblées pour la célébration des saints mystères.

C'est la voix unanime de toute la tradition chrétienne. Les Constitutions apostoliques, les Pères et les Docteurs, parlent en mille endroits, de la nature et de la condition des anges, des degrés ou des ordres qui en forment la hiérarchie, de leur nombre et des fonctions qu'ils remplissent ; et partout ils supposent leur existence comme un fait sur lequel il ne s'élève aucun doute.

A chaque page des livres sacrés de l'Ancien et du Nouveau Testa-

______

(1) Credo in Deum Patrem omnipotentem, factorem cœli et terræ, visibilium omnium et invisibilium. *Symbol.*, art. 1.

ment, il est fait mention de ces sublimes intelligences, dans des invocations pieuses ou dans des traits d'histoire. Leur intervention apparaît manifestement dans la vie des patriarches et des prophètes. Dieu se sert de leur ministère, tantôt pour intimer ses volontés, tantôt pour annoncer les évènements futurs ; il en fait presque toujours les organes de sa justice ou de sa miséricorde. Leur présence est mêlée aux diverses circonstances de la naissance, de la vie et de la Passion du Sauveur ; leur souvenir est inséparable de celui des grands hommes et des faits les plus importants de l'antiquité religieuse. Il se retrouve même au sein du polythéisme et sous les fables de la mythologie ; car la croyance dont il s'agit est aussi ancienne et aussi universelle que le monde ; le culte que les païens rendaient aux bons et aux mauvais génies n'était qu'une fausse application de la vérité, un reste dégénéré du dogme primitif.

Les paroles du saint concile de Latran contiennent une distinction fondamentale entre les anges et les hommes. Elles nous enseignent que les premiers sont de purs esprits, tandis que ceux-ci sont composés d'un corps et d'une âme ; c'est-à-dire, Nos Très-Chers Frères, que la nature angélique se soutient par elle-même, non-seulement sans mélange, mais encore sans association réelle possible avec la matière, quelque légère et subtile qu'on la suppose ; tandis que notre âme, également spirituelle, est associée au corps de manière à ne former avec lui qu'une seule et même personne, et que telle est, essentiellement, sa destination. Tant que dure cette union si intime de l'âme avec le corps, ces deux substances ont une vie commune, et exercent l'une sur l'autre une influence réciproque ; l'âme ne peut s'affranchir entièrement de la condition imparfaite qui en résulte pour elle : ses idées lui arrivent par les sens, par la comparaison des objets extérieurs, et toujours sous des images plus ou moins apparentes. De là vient qu'elle ne peut se contempler elle-même, et qu'elle ne peut se représenter Dieu et les anges sans leur supposer quelque forme visible ou palpable. C'est pourquoi les anges, pour se faire voir aux saints et aux prophètes, ont dû avoir recours à des figures corporelles ; mais ces figures n'étaient que des corps aériens qu'ils faisaient mouvoir sans s'identifier avec eux, ou des attributs symboliques en rapport avec la mission dont ils étaient chargés. Quand l'histoire et les arts, l'Eglise et l'Ecriture elle-même, nous les représentent sous ces mêmes formes, c'est pour nous remettre sous les yeux des emblèmes, en quelque sorte parlants, de leur pénétration, de leur activité et des autres qualités éminentes qui les distinguent. Les traits jeunes et gracieux sous lesquels on les dépeint sont l'image de leur beauté et de leur immortalité ; l'attitude d'extase ou de respect qu'on leur donne exprime les sentiments dont ils sont animés en la présence du Très-Haut ; les ailes marquent leur agilité, la figure humaine leur intelligence. Nous ne pouvons parler d'eux sans leur prêter ces emblèmes et ces attributs traditionnels ; mais nous savons qu'ils ont un mode d'existence et des moyens d'action qui en sont entièrement différents.

Leur être et leurs mouvements ne sont pas localisés et circonscrits dans un point fixe et limité de l'espace. N'étant attachés à aucun corps, ils ne peuvent être arrêtés et bornés, comme nous le sommes, par d'autres corps ; ils n'occupent aucune place et ne remplissent aucun vide ; mais, de même que notre âme est tout entière dans notre corps et dans chacune de ses parties, de même ils sont tout entiers, et presque simultanément, sur tous les points et dans toutes les parties du monde : plus prompts que la pensée, ils peuvent être partout en un clin-d'œil et y opérer par eux-mêmes, sans autres obstacles à leurs desseins que la volonté de Dieu et la résistance de la liberté humaine.

Dieu les ayant créés pour le louer et le bénir, pour en faire ses ministres et ses interprètes, ils possèdent à un degré très-élevé les facultés de l'âme et le don de l'intelligence. Pendant que nous sommes réduits à ne voir que peu à peu, et dans une certaine mesure, les choses qui sont hors de nous, et que les vérités de l'ordre surnaturel nous apparaissent comme en énigme et dans un miroir, suivant l'expression de l'apôtre saint Paul (1), ils voient sans effort ce qu'il leur importe de savoir, et ils sont en rapport immédiat avec l'objet de leur pensée. Leurs connaissances ne sont point le résultat de l'induction et du raisonnement, mais de cette intuition claire et profonde qui embrasse tout ensemble le genre et les espèces qui en dérivent, les principes et les conséquences qui en découlent. Pour eux, les causes ne se séparent pas de leurs effets, ni les effets de leur cause; ils les aperçoivent en même temps ; et c'est ainsi que nous voyons nous-mêmes, sans lacune ou séparation, la source, et le ruisseau qui s'en échappe. Ils peuvent donc contempler sans voile ce qui appartient à leur sphère, ou, en d'autres termes, tout ce qu'il a plu à Dieu de leur découvrir. A part la conscience d'eux-mêmes, qui les suit partout, et la vue de Dieu, dont ils ne peuvent détourner leurs regards, ils peuvent ne point penser d'une manière actuelle à chaque terme de leurs connaissances ou de leurs opérations; c'est un attribut de leur liberté ; mais ils n'en sont distraits ni par l'oubli, ni par l'inadvertance. La distance des temps, la différence des lieux, la multiplicité des objets ne peuvent produire aucune confusion dans leur esprit. L'essence divine, étant infinie, est incompréhensible : elle a des mystères et des profondeurs qu'ils ne peuvent pénétrer. Les desseins particuliers de la Providence leur sont cachés ; mais elle leur en dévoile le secret lorsqu'elle les charge, dans certaines circonstances, de les annoncer aux hommes.

Ces communications de Dieu aux anges, et des anges entre eux, ne se font point comme parmi nous, Nos Très-Chers Frères, au moyen des sons articulés et des autres signes sensibles. Les pures intelligences n'ont besoin ni des yeux pour voir, ni des oreilles pour entendre; elles n'ont point non plus l'organe de la voix pour manifester leurs pensées : cet intermédiaire habituel de nos entre-

(1) Videmus nunc per speculum in ænigmate. I. *Cor.*, c. XIII, v. 12.

tiens ne leur est pas nécessaire ; mais elles communiquent leurs sentiments d'une manière qui leur est propre, et qui est toute spirituelle. Pour être comprises, il leur suffit de le vouloir. « Un esprit angélique, dit saint Thomas, adresse et transmet sa pensée à un autre par la simple volonté de le faire (1). » Notre âme peut aussi recevoir directement de leur part ces sortes d'inspirations et y répondre par des intentions secrètes et intimes. Conséquemment à cette doctrine, saint Grégoire le Grand dit que Dieu parle aux anges en leur découvrant ce qui est en lui, et en leur donnant une douce et forte inclination pour l'exécution de ses ordres ; que les anges parlent à Dieu, lorsque, en contemplant sa grandeur et sa majesté, ils sont ravis d'admiration en sa présence ; et que, enfin, leurs paroles ne sont autre chose que leurs désirs (2). C'est ce que nous entendons communément par le langage des anges ; c'est cette manière facile et efficace que saint Paul avait en vue, lorsqu'il écrivait aux fidèles de Corinthe : « Quand je parlerais les langues des hommes et celles des anges, si je n'ai pas la charité, je ne suis qu'un airain qui résonne et une cymbale qui retentit (3).

Dieu seul, Nos Très-Chers Frères, connaît le nombre des anges. Ce nombre, sans doute, ne saurait être infini, et il ne l'est point ; mais d'après les auteurs sacrés et les saints Docteurs, il est très-considérable et vraiment prodigieux. S'il est naturel de proportionner le nombre des habitants d'une ville à sa grandeur et à son étendue, la terre n'étant qu'un atome en comparaison du firmament et des immenses régions de l'espace, il faut en conclure que le nombre des habitants du ciel et de l'air est beaucoup plus grand que celui des

---

(1) Per voluntatem conceptus mentis angelicæ ordinatur ad alterum. Part. Iª, quæst. 107, art. 1.

(2) Lib. II. Moral. 15.

(3) Si linguis hominum loquar et angelorum, charitatem autem non habeam, factus sum velut æs sonans aut cymbalum tinniens. I. *Cor.*, c. XIII, v. 1.

hommes. Ainsi pensait saint Cyrille de Jérusalem (1). Saint Denis,
dans son livre de la Hiérarchie, dit que leur multitude est incal-
culable, et qu'il n'y a rien qui l'égale dans tout le reste de la nature (2). Saint Jean, dans son Apocalypse, rapporte qu'il en a vu
autour du trône de l'Agneau, et qu'il y en avait des milliers de milliers, des myriades de myriades (3). Ravi en esprit, le prophète
Daniel, s'étant approché du trône de l'Ancien des jours, vit qu'il en
sortait une flamme de feu, et qu'un million d'anges le servaient pendant que cent millions se tenaient en sa présence (4). Le Psalmiste
nous représente le char du Seigneur comme entouré de plusieurs
milliers de ces créatures invisibles chantant ses louanges (5). L'un de
ces esprits bienheureux ayant annoncé aux bergers la naissance du
Messie, au même instant, dit l'Evangile, se joignit à lui la multitude
de l'armée céleste, louant Dieu et disant : « Gloire à Dieu au plus
haut des cieux, et paix sur la terre aux hommes de bonne volonté (6).» Le Sauveur, au Jardin des Oliviers, faisant allusion aux
armées romaines composées de douze légions, disait à ses disciples :
« Pensez-vous que je ne puisse pas prier mon Père, et qu'il ne m'en-
verrait pas aussitôt plus de douze légions d'anges (7) ?

Puisque la majesté des rois emprunte son éclat au nombre de
leurs sujets, de leurs officiers et de leurs serviteurs, qu'y a-t-il de
plus propre, Nos Très-Chers Frères, à nous donner une idée de
la majesté du Roi des rois que cette multitude innombrable des
anges qui peuplent le ciel et la terre, la mer et les abîmes, et la
dignité de ceux qui demeurent sans cesse prosternés ou debout
devant son trône ?

(1) Cateches. 15.
(2) Cap. XIV.
(3) Cap. XV.
(4) Cap. VII, v. 10.
(5) *Ps. LXVII*, v. 18.
(6) Luc, c. II, v. 13, 14.
(7) Matth., c. XXVI, v. 53.

Or, dans cette multitude, il y a quelque chose de plus admirable encore que le nombre : c'est l'ordre et la variété qui y règnent. Les Pères de l'Eglise et les théologiens enseignent généralement que les anges sont distribués en trois grandes hiérarchies ou principautés, et chaque hiérarchie en trois compagnies ou trois chœurs. Saint Denis (1) et saint Grégoire le Grand (2) énumèrent ces neuf chœurs en citant les divers passages de l'Ecriture où se trouvent leurs noms. Toutefois, il est bon de le remarquer, ces noms, qui servent à les désigner, n'indiquent point une différence dans la nature des anges qui les composent; ils dérivent de la diversité de leurs missions et de leurs qualités.

Le nom d'ange, qui signifie envoyé, convient à tous, parce que tous, comme le dit l'apôtre saint Paul, sont les mandataires et les serviteurs de Dieu, qui leur assigne un ministère en faveur des hommes, héritiers du salut (3). Cependant, ceux de la première et de la plus haute hiérarchie sont désignés en conséquence des fonctions qu'ils remplissent au ciel. Les uns sont appelés Séraphins, parce qu'ils sont comme embrasés devant Dieu des ardeurs de la charité ; ceux-ci, Chérubins, parce qu'ils sont un reflet lumineux de sa sagesse; ceux-là, Trônes, parce qu'ils proclament sa grandeur et en font resplendir l'éclat. Ceux de la seconde hiérarchie reçoivent leurs noms des opérations qui leur sont attribuées dans le gouvernement général de cet univers. Ainsi, ce sont les Dominations qui assignent aux anges des ordres inférieurs leurs missions et leurs charges ; ce sont les Vertus qui accomplissent les prodiges réclamés par les grands intérêts de l'Eglise et du genre humain ; ce sont les Puissances qui protégent par leur force et leur vigilance les

(1) *De cœlesti Hierarch.*, c. VI et seq.
(2) *Homil. LIV in Evangelia*.
(3) Nonne omnes sunt administratorii spiritus, in ministerium missi propter eos qui hæreditatem capient salutis ? *Hebr.*, c. I, v. 14.

lois qui régissent le monde physique et moral. Ceux de la troisième hiérarchie ont en partage la direction des sociétés et des personnes. Les uns sont des Principautés, parce qu'ils sont préposés aux royaumes, aux provinces ou aux diocèses ; les autres, des Archanges, parce qu'ils transmettent les messages de haute importance ; enfin, le nom d'Anges et d'Anges gardiens désigne plus spécialement ceux qui accompagnent chacun de nous pour veiller à notre sécurité et à notre sanctification.

Jamais, Nos Très-Chers Frères, cette idée des divers ministères des saints anges n'a été séparée de la foi en leur existence. Toute l'histoire du peuple de Dieu et des temps anciens en est une preuve convaincante. Les païens eux-mêmes étaient persuadés que leurs génies ou divinités subalternes tenaient en main les éléments, dirigeaient le cours des astres, présidaient au gouvernement des états, résidaient au sein des familles, inspiraient les sages, préservaient d'une foule de dangers. « On savait par une ancienne tradition, dit un écrivain, qu'il existait des esprits supérieurs à l'homme, ministres du grand roi, dans le gouvernement du monde. Ce fut de ces esprits qu'on anima l'univers : on en plaça partout, dans le ciel, dans les astres, dans l'air, dans les montagnes, dans les eaux, dans les forêts, et même dans les entrailles de la terre, et l'on honora ces nouveaux dieux selon l'étendue et l'importance du domaine qu'on leur avait attribué (1). » Ce qui était vrai, Nos Très-Chers Frères, c'est que Dieu, comme le dit saint Augustin, en faisant du peuple d'Israël sa portion choisie, n'avait point fermé la source de sa bonté envers les autres nations, et qu'elles avaient été placées sous le ministère des saints anges (2).

Il serait trop long d'indiquer ici tous les monuments de la tradi-

---

(1) *Mémoires de l'Académie des Inscriptions*, t. XLII.

(2) Non clausit Deus fontem bonitatis suæ in alienigenas gentes, quas sub angelis constituerat, portionem sibi faciens populum Israel. *Serm. in ps. LXXXVIII.*

tion catholique sur ce sujet ; mais nous dirons que, partout et toujours, appuyée sur les divines Ecritures, elle enseigne que les anges sont les ministres du Seigneur et les instruments de sa providence, dans la conduite des choses de ce monde, et principalement en ce qui concerne notre salut ; qu'ils nous protégent contre nos ennemis ; qu'ils déposent nos vœux et nos prières au pied du trône de l'Eternel et nous obtiennent de lui les secours et les grâces dont nous avons besoin. C'est une vérité de foi que les hommes sont confiés à leur garde, et il n'est même point permis de douter que chaque fidèle n'ait un ou plusieurs de ces anges tutélaires, de qui il reçoit des bienfaits particuliers. En parlant des enfants, le Sauveur disait : « Prenez garde de mépriser un de ces petits, car leurs anges voient sans cesse la face de mon Père qui est dans les cieux (1). » « Dieu, dit le Psalmiste, a commandé à ses anges de prendre soin de vous et de vous garder dans toutes vos voies (2). »

« Oh! que ces paroles, s'écrie saint Bernard, contiennent une grande instruction, de puissantes remontrances et un merveilleux sujet de consolation ! Elles consolent les âmes faibles et craintives ; elles pressent les négligents ; elles instruisent les ignorants. Dieu a commandé à ses anges de vous garder dans toutes vos voies : non pas dans les voies de la chair, qui sont la lâcheté et la convoitise ; ni dans les voies du monde, qui sont l'avarice et le luxe ; ni dans les voies du démon, qui sont la présomption et l'opiniâtreté ; mais dans vos voies, dans ces voies qui conduisent à Dieu, dans ces voies qui font arriver au véritable bonheur, qui sont la miséricorde et la vérité. Si vous voulez marcher dans ces voies, les anges vous y garderont ; mais si vous voulez marcher par d'autres voies, par ces che-

---

(1) Videte ne contemnatis unum ex his pusillis : dico enim vobis quia angeli eorum in cœlis semper vident faciem Patris mei qui est in cœlis. MATTH., c. XVIII, v. 11.

(2) Angelis suis Deus mandavit de te, ut custodiant te in omnibus viis tuis. Ps. XC, v. 11.

mins funestes qui mènent aux supplices éternels, les anges vous en détourneront.... Dieu a recommandé à ses anges de veiller sur vous, et de vous servir de gardiens, de tuteurs, de pères, de maîtres et de gouverneurs. Combien ces paroles vous doivent-elles inspirer de respect, d'affection et de confiance ! de respect pour la présence de ces princes du royaume de Dieu, qui sont assidûment autour de vous ; d'affection pour leur bienveillance et pour les faveurs sans nombre que vous recevez de leur charité ; de confiance pour la grandeur de leur soin, jointe à leur force et à l'étendue de leur pouvoir (1). » Outre ce culte d'honneur, rendez-leur aussi, Nos Très-Chers Frères, celui de la reconnaissance et de la soumission qu'ils sont en droit d'attendre de vous ; invoquez-les fréquemment ; soyez toujours dociles à suivre leurs saintes et salutaires inspirations. S'il en est ainsi, le jour viendra où ils se réjouiront de remettre votre âme entre les mains de Dieu, de plaider votre cause au tribunal du Souverain Juge et de vous introduire au séjour de l'éternelle félicité.

À CES CAUSES :

Après en avoir conféré avec nos Vénérables Frères les Dignitaires, Chanoines et Chapitre de notre Eglise Métropolitaine, Nous avons ordonné et ordonnons ce qui suit :

ARTICLE PREMIER.

Nous permettons à tous les Fidèles de notre Diocèse l'usage du beurre et du laitage pendant tout le Carême.

ART. II.

Nous permettons aussi l'usage des œufs, pour tous les jours, à l'exception du Vendredi-Saint.

(1) *Serm. 11 et 12 in ps.* Qui habitat, etc.

ART. III.

A raison de la rareté des aliments propres aux jours d'abstinence, Nous permettons, en vertu d'un *Indult Apostolique*, l'usage des aliments gras, les Dimanches, Lundis, Mardis et Jeudis du Carême, jusqu'au Dimanche des Rameaux inclusivement. Cette concession ne tirera pas à conséquence pour les années suivantes.

ART. IV.

Tous ceux qui useront d'aliments gras pendant le saint temps de Carême, feront, entre les mains de leur Curé, une aumône proportionnée à leurs moyens, laquelle sera envoyée au Secrétariat de l'Archevêché, et appliquée aux besoins de nos Séminaires et des autres établissements diocésains.

L'aumône que nous prescrivons est une compensation indispensable, sans laquelle la présente permission serait nulle.

Ceux qui, à raison de leur indigence, ne pourront faire l'aumône prescrite, réciteront, une fois par semaine, cinq *Pater* et cinq *Ave,* en l'honneur des cinq plaies de Notre Seigneur Jésus-Christ, pour la conversion des pécheurs et pour les besoins de l'Eglise et de l'Etat, spécialement de l'Eglise de Pologne, sur laquelle s'appesantissent le joug d'un schisme intolérant et les rigueurs d'une administration inexorable.

ART. V.

Nous permettons l'usage du lait et du beurre à la collation, le Vendredi-Saint excepté (1).

Ceux qui useront de cette permission feront une aumône particulière pour les Séminaires.

ART. VI.

MM. les Curés et Desservants feront aussi exactement les

____

(1) Cette permission s'étend aux jours de jeûne qui surviennent dans le courant de l'année. MM. les Ecclésiastiques pourront en user.

quêtes d'usage pour les Séminaires, et dont les principales restent fixées aux jours de Pâques, de l'Assomption, de la Toussaint et des Dimanches de Carême. Le produit des quêtes qui se feront le deuxième Dimanche après Pâques et le jour de la Pentecôte, est destiné à l'entretien des personnes indigentes qui trouvent, dans l'établissement du *Bon-Pasteur*, un asile contre les dangers et la contagion du siècle.

ART. VII.

Le temps fixé par Nous, pour satisfaire au devoir de la Communion pascale, durera depuis le Dimanche de la Passion jusqu'à celui du Bon-Pasteur inclusivement.

Nous invitons MM. les Curés à faire dans leurs églises, au moins trois fois par semaine, pendant le Carême, la prière du soir, suivie d'une instruction ou d'une lecture de piété, en leur permettant de terminer cet exercice par la bénédiction du Très-Saint Sacrement, avec le Ciboire.

Nous les exhortons à donner la même bénédiction, avec l'Ostensoir, le Vendredi, ou, en cas d'empêchement, un autre jour de chaque semaine. En outre, ils donneront solennellement la bénédiction du Saint-Sacrement, tous les Dimanches du Carême, immédiatement après le chant des Vêpres.

Après l'exposition du Saint-Sacrement, on chantera le psaume *Miserere*, le psaume *Ad te levavi*, déjà prescrit dans nos derniers Mandements, et le *Sub tuum*, avec les oraisons *Deus, qui nobis*, etc., *Ecclesiæ*, etc., et *Concede nos*, etc. Cet exercice se fera pour demander à Dieu la conversion des pécheurs, la paix entre les princes chrétiens, et la conservation des droits temporels du Saint-Siége Apostolique.

ART VIII.

Le Dimanche de la solennité de la Fête de saint Pierre et de saint Paul, Apôtres, on fera une quête pour le *Denier de saint Pierre* à la Messe et à Vêpres, dans toutes les églises paroissiales.

Cette quête sera annoncée, le Dimanche précédent, au prône de la Messe de paroisse.

Et sera Notre présent Mandement lu et publié au prône des Messes paroissiales, dans les Séminaires, les Communautés religieuses, et les Colléges, au plus tard le Dimanche de la Quinquagésime.

Donné à Reims, sous Notre seing, Notre sceau et le contre-seing de Notre Secrétaire, le vingt-quatre Janvier mil huit cent soixante-quatre.

† TH. CARDINAL GOUSSET,
Archevêque de Reims.

Par Mandement de Son Eminence :
S. JACQUENET,
Chanoine honoraire, Secrétaire,

Reims, Imprimerie de P. DUBOIS, rue de l'Arbalète, 9.

AVIS A MM. LES CURÉS.

I. MM. les Curés et Desservants seront exacts à visiter les écoles de leurs paroisses, conformément aux Statuts du diocèse, et à l'esprit de la loi du 15 Mars 1850 sur l'Instruction publique, à moins qu'ils n'en aient obtenu dispense de Nous ou de nos Vicaires Généraux.

II A partir du Mercredi des Cendres jusqu'au Dimanche du Bon-Pasteur inclusivement, les Prêtres de notre diocèse, approuvés pour la confession, pourront absoudre de tous les cas qui Nous sont réservés

III. Nous tenons à ce que toutes les quêtes prescrites pour les établissements diocésains soient faites dans les Eglises et dans les Chapelles des Communautés religieuses ouvertes au public, aux jours fixés par notre Mandement de Carême, c'est-à-dire aux Dimanches de Carême et aux fêtes de Pâques, de l'Assomption et de la Toussaint. Ces quêtes sont d'obligation, et MM. les Curés et Aumôniers ne peuvent s'en dispenser sous prétexte des besoins particuliers de leurs Eglises ou des Chapelles qu'ils desservent. Nous consentons, toutefois, à ce qu'une quête à domicile, pendant le saint temps de Carême, dans les paroisses où elle pourra se faire sans inconvénient, remplace les quêtes des Dimanches de Carême et de Pâques.

IV. En vertu d'un Indult de Notre Saint-Père le Pape Pie IX, Nous accordons aux fidèles la dispense de l'abstinence pendant les trois jours des Rogations, en recommandant, toutefois, à ceux qui useront de cette indulgence du Saint-Siége, de faire en compensation d'autres bonnes œuvres et des aumônes.

V. Les Curés et Confesseurs approuvés pour le diocèse sont autorisés à accorder la permission d'user d'aliments gras, le Lundi et le Mardi de la Semaine-Sainte, aux personnes qui la leur demanderont, et qui croiront avoir des raisons de faire cette demande.

VI. Dans les paroisses où s'établit le pieux usage de faire, les jours de Dimanches et de Fêtes, la prière du soir avec une courte instruction, Nous autorisons MM. les Curés à terminer cet exercice par la bénédiction du saint Ciboire, nonobstant celle qui aura été donnée après les Vêpres, avec l'Ostensoir. Cet exercice du soir ne devra pas durer plus d'une demi-heure.

VII. Nous rappelons ce que Nous avons recommandé à MM. les Curés, de n'user, pour le Saint Sacrifice et la Communion des fidèles, que des pains eucharistiques qu'ils auront préparés eux-mêmes ou qu'ils se seront procurés dans les maisons religieuses chargées de les préparer; des précautions très-scrupuleuses doivent être prises également afin de s'assurer que le vin employé pour la Messe est naturel.

VIII. MM. les Curés doivent être très-exacts à dresser les budgets de fabrique, le Dimanche de Quasimodo, et à les envoyer à l'Archevêché avant le 1er du mois de Juin. Cet envoi est de rigueur pour toutes les cures et succursales du diocèse.

† TH. CARDINAL GOUSSET, *Archevêque de Reims.*

9 782013 610896